AF602677

LES GAMMES D'OSCAR

POISSY. — TYP. ET STÉR. DE AUG. BOURET.

LES
GAMMES D'OSCAR

FOLIE MUSICALE EN UN ACTE

PAR

M. WILLIAM BUSNACH

MUSIQUE DE

M. GEORGES DOUAY

Représentée pour la première fois à Paris, sur le théâtre des Folies-Marigny, le 20 mai 1865.

PARIS

E. DENTU, ÉDITEUR

LIBRAIRE DE LA SOCIÉTÉ DES GENS DE LETTRES

PALAIS-ROYAL, 17 ET 19, GALERIE D'ORLÉANS

1865

LES GAMMES D'OSCAR

Le théâtre représente un café. — Comptoir, tables tabourets. Porte d'entrée au fond. — Portes latérales.

SCÈNE PREMIÈRE

UN CONSOMMATEUR, puis OSCAR.

Au lever du rideau, la scène est vide. Un consommateur entre par le fond, il s'assied à une table, tape avec sa canne, prend un journal, en lit deux ou trois lignes, regarde autour de lui, puis retape sur la table... Il ne voit personne. Il se lève, aperçoit la sonnette placée sur le comptoir, va la prendre et se met à sonner. On entend de la coulisse.

OSCAR.

Voilà! voilà!

(Il entre en scène vêtu en garçon de café, tenant d'une main une cafetière, et de l'autre un plateau sur lequel se trouve une demi-tasse. Il pose son plateau sur la table, et froidement commence une gamme le plus faussement possible. — Le consommateur le regarde d'un air stupéfait. — Oscar recommence sa seconde gamme. — Stupéfaction du consommateur et étonnement muet d'Oscar surpris qu'il ne s'en aille pas encore. — Troisième gamme. — Le consommateur furieux prend sa canne et s'en va. Oscar, satisfait, l'accompagne jusqu'à la porte.)

SCÈNE II

OSCAR, seul.

Il a résisté jusqu'à la troisième... inclusivement! J'en ai peu trouvé qui allassent jusque-là! Enfin, il s'est éloigné, c'est l'essentiel... Cette façon d'agir de la part d'un garçon de café, tel que je parais l'être, semble vous étonner légèrement... C'est pourtant tout ce qu'il y a de plus simple! Ce n'est ni la vocation ni la nécessité qui m'ont fait endosser cet uniforme vulgaire. Non! Le Dieu qui porte un bandeau sur les yeux est seul cause de ce travestissement! Vous voyez en moi le fils de mon père, illustre marchand de fromages de la Brie qui m'a laissé sa bénédiction accompagnée d'un magnifique établissement de ses produits. L'inventaire constata plus de cinq mille fromages en magasins! Je mis plusieurs années à les écouler, mais enfin, il ne m'en restait plus un seul, et je dus venir à Coulommiers pour renouveler ma provision. J'entrai dans ce café, une demi-tasse étant l'unique objet de mes vœux en ce moment, mais, je la vis... elle... Virginie, celle qui s'assied d'ordinaire à ce comptoir luxueux... Et à partir de cet instant, je n'eus plus qu'un but! Pourquoi n'aurais-je pas eu de but? Montmartre en a bien! Vivre près d'elle et l'entendre un jour me dire: Je t'aime! Huit jours après, j'étais installé dans ce café en qualité de garçon... Mais alors une atroce jalousie s'empara de moi, et je dus encore une fois changer de but! Ce que je défie Montmartre de faire, par exemple! Je résolus de renvoyer un à un tous les consommateurs qui affluaient dans cet établissement, et qui tous me semblaient autant de rivaux. La nature m'ayant doué d'une voix dont vous avez pu juger l'effet, je me suis servi de quelques connaissances musicales mal cultivées pour faire le vide autour de Virginie et j'ai réussi ! Seulement, je suis honnête... ma fortune me le permet! et je ne veux pas que la patronne perde à ce renvoi... Pour le monsieur de ce matin... quarante centimes... (Il les met dans le comptoir.) Là... ah! et mon pourboire que j'oubliais... (Il met deux sous dans le tronc.) De cette façon, ma conscience est tranquille, et je puis à mon aise étudier mes gammes... car il faut s'entretenir un peu!... (Il tire de la cafetière un diapason et le fait vibrer.) La... la... (Avec effroi.) Ah! mon Dieu, mais j'ai la voix juste ce matin... la... la... la... la! (Avec satisfaction.) Ah! c'est parfaitement faux à présent... Le client peut venir... (Il éternue.) Tiens, je m'enrhume! (Il replonge dans la cafetière et en tire un mouchoir, il se mouche et remet le mouchoir dans la cafetière.) Cette cafetière m'est bien utile! Do... ré... mi... fa... sol...

SCÈNE III

OSCAR, FLORIDOR.

FLORIDOR.

La... si... ut... Tu es donc musicien, toi...

OSCAR, troublé.

Musicien... moi... Oh! bien peu, bien peu!... Et çà va bien, hein! monsieur Floridor? (A part.) Rien à faire avec lui c'est un ténor! Les fausses notes, çà ne l'effraierait pas!

FLORIDOR.

Pas mal, mon ami, pas mal...

OSCAR.

Et toujours content, toujours gai!... est-ce assez heureux,

les artistes... les ténors surtout!... Ah! tenez... si je n'étais pas garçon de café... j'aurais assez aimé être acteur!

FLORIDOR.

Peste... tu n'es pas dégoûté, toi!...

OSCAR.

Mais non... et pas fier non plus... car malgré la distance qui nous sépare, je vous serre la main, moi, quoique vous ne soyiez qu'un artiste... (Il lui prend la main et la serre avec cordialité.) Je n'ai pas de préjugés!

FLORIDOR.

Eh bien, dis donc, toi!

OSCAR.

Ah! le théâtre! Dans le temps, c'était mon béguin... Tenez, monsieur Floridor, moi qui vous parle... j'ai vu jouer Duprez!

FLORIDOR.

Duprez... bonne méthode... mais peu de voix...

OSCAR.

Peu de voix... M. Duprez! Mais je connais un député qui a eu toutes les voix de son arrondissement, et on ne l'entend pas si bien que lui!

FLORIDOR.

Oscar!... avec toi, je ne ferai pas de modestie... m'as-tu jamais entendu dans Lucie?

OSCAR, solennellement.

Monsieur Floridor, je le dis avec un légitime regret : non, je ne vous ai pas entendu dans *Lucie!*

FLORIDOR.

Eh bien, alors, mon ami, on ne parle pas, dans ce cas... Jamais, tu entends bien, jamais personne n'a produit un tel effet.

OSCAR.

Allons donc...

FLORIDOR.

Non... jamais! c'est au point qu'au quatrième acte, tu sais, dans la grande scène où je suis tout seul, tu sais bien...

(Chantant.)

Bientôt l'herbe des champs...

Eh! bien, dans aucune ville, mais là dans aucune, personne n'a encore pu rester jusqu'à la fin : on est tellement ému, qu'on est forcé de s'en aller... Du reste, c'est un de mes meilleurs rôles...

OSCAR.

Et, dites-moi, vous n'avez jamais songé à débuter à Paris...

FLORIDOR.

Paris... Peuh!... pourquoi faire... une fois pourtant, j'ai failli accepter un engagement à l'Opéra, mais la veille de mon départ, j'ai reçu une lettre de Gueymard, qui m'écrivait cette simple ligne : « Floridor... si vous venez à Paris, qu'est-ce que vous voulez que je devienne!... Tu me connais, je suis bon...

OSCAR, à part.

Le fait est que je ne le crois pas méchant...

FLORIDOR.

Alors... j'ai répondu à Gueymard : sois tranquille, mon ami... je ne viendrai pas... et je suis parti pour Carcassonne! D'ailleurs, j'aime la province... et elle me le rend bien...

RONDEAU :

Pour un vrai ténor
Non rien n'est tel que la province,
Et du sud au nord
Jamais mon succès ne fût mince.
Oui, sans nul effort
Je le dis encor...
Tous les départements chérissent Floridor.

Il faut me voir dans la Lucie,
Je te l'ai déjà dit plus haut;
Après moi nul ne se soucie
De venir chanter Othello.
Dans Fernand de la Favorite,
De lauriers je me suis couvert:
Je vois plus d'un cœur qui palpite
Les soirs où je chante Robert.
Guillaume-Tell m'est fort propice,
Je n'y crains personne, ma foi,
Si l'Helvétie est un chant de supplice,
C'est pour les malheureux qui chantent avec moi.
Pour un vrai ténor
Non rien n'est tel que la province,
Et du sud au nord
Jamais mon succès ne fut mince,
Oui, sans nul effort
Je le dis encor...
Tous les départements chérissent Floridor.

OSCAR.

Ah! quelle suite de triomphes!

FLORIDOR.

Sans doute... mais dans ce moment-ci, mon pauvre ami...

OSCAR.

Oui, je le sais... débine complète ..

FLORIDOR.

Hélas! oui, la fermeture du grand théâtre de Coulommiers m'a porté un de ces coups vulgairement qualifiés de coup du lapin! Car, tu le sais, je ne puis quitter cette ville à cause de l'énormité de la note que j'ai commencée chez ta patronne. Ah! c'est la faute du cassis!...je l'ai en horreur à présent!

OSCAR.

En voulez-vous un petit verre?

FLORIDOR.

Jamais!

OSCAR.

Voyons, un tout petit verre. (A part.) Moi, je m'en abreuve, parce que c'est elle qui l'a fabriqué.

FLORIDOR.

Oh! serpent... Le fait est que je n'en suis encore qu'à mon quatorzième d'aujourd'hui. (Oscar verse.) A ta santé, mon ami... prends-en un verre encore, va, ne te gêne pas... tu mettras tout ça sur ma note. — Tu comprends bien qu'au point où j'en suis...

OSCAR.

A la vôtre!...

FLORIDOR.

Ah! si cet engagement que j'attends m'arrivait enfin... Je serais... sauvé...

OSCAR.

Un engagement!

FLORIDOR.

Oui... pour un nouveau théâtre qui se forme en ce moment... dans l'Isthme de Suez... on doit même m'envoyer une avance sur les six premiers mois... mais j'ai beau me rendre six fois par jour à la poste... c'est comme si je chantais... Rien! c'est au point que l'employé a fini par ne plus me répondre. Dès qu'il m'aperçoit, il se hâte de fermer son guichet en me criant : il n'y a rien pour vous. Ah! ce salarié m'exaspère! (Il casse un verre.) Tiens... j'ai cassé un verre... tu le mettras sur la note.

OSCAR.

Dites donc... Il me semble qu'elle commence un peu à monter, cette note.

FLORIDOR.

Que veux-tu... il faut de la résignation... si elle veut absolument monter, laissons-la faire.

OSCAR.

Au fait... une note de ténor... ça peut monter très-haut... Et puis ça m'est égal à moi. (Il boit un petit verre.) Je le mettrai aussi dessus... celui-là. Il est bien meilleur que l'année dernière, hein! monsieur Floridor... ah! c'est que cette année, on le fait avec du cassis!

FLORIDOR, se tatant l'estomac.

Oh! c'est incroyable combien ce cassis m'a creusé... tu n'aurais pas par hasard un petit restant de quelque chose?

OSCAR.

Des navets...

FLORIDOR.

Hein?

OSCAR.

Je dis des navets... J'ai là dans la cuisine... pardon... dans le laboratoire, un peu de navets d'hier.

FLORIDOR.

Si par hasard il se trouvait un peu de canard autour.

OSCAR.

Qui sait... la Providence est si grande... nous verrons bien !

(Ils entrent dans la cuisine.)

SCÈNE IV

VIRGINIE, entrant par la porte opposée.

Personne... encore personne! toujours personne! En vérité, c'est à n'y pas croire... moi, qui tout récemment encore attirais dans ce café, et par le seul attrait de mes charmes, tout ce que Coulommiers compte de gens distingués, tant gradés, que civils, et maintenant!... ne serais-je donc plus celle que l'on avait nommée la belle limonadière. (Elle tire un miroir de sa poche.) Je suis cependant toujours aussi belle et toujours aussi limonadière... D'ou peut venir cette désertion générale? c'est peut-être la suite de mes rigueurs... car enfin, comme dit la chanson de Mariette... Mais vous n'avez pas l'air de la connaître beaucoup la chanson de Mariette... je vais vous la dire!

COUPLETS

I

Mariette est une pâtissière,
Son mari... c'est un pâtissier!
Mariette est une vertu fière,
L'exemple de tout le quartier!

Aussitôt qu'un client s'approche
Et fait mine de plaisanter,
A l'instant vite une taloche,
Pas moyen de parlementer!

Ah! quelle vertu! (*bis*)
Turlututu. (*bis*)

Et pendant ce temps-là
Dans l'arrière-boutique,
Contemplant tout cela
D'un air mélancolique,
Le mari tout bas
— Se disait : hélas!...

Quelque métier que l'on exerce,
On ne doit rien outrer jamais...
La vertu, c'est très-gentil... mais
Faut pas que ça nuise au commerce!

II

Le fait est que dans la boutique
Bientôt personne ne vint plus!
Voyant s'éloigner la pratique
Mariette comprit l'abus!
Vite elle change de système :
Les chalands reviennent à qui mieux mieux,
Il en revint tant qu'un soir même
A ses pieds l'on en trouva deux!

Ah! quelle vertu! (*bis*)
Turlututu. (*bis*)

Quand son mari l'apprit
Il se mit à se plaindre!
Mariette lui dit :

Mais qu'avez-vous à geindre?
Ne disiez-vous pas
L'autre jour : hélas!

Quelque métier que l'on exerce,
On ne doit rien outrer jamais.
La vertu, c'est très-gentil, mais
Faut pas que ça nuise au commerce!

Mais, entre nous... Je crois plutôt devoir attribuer ce désachalandage-là... en voilà un mot difficile à prononcer... à la clôture du théâtre de Coulommiers... qui touche presque à cet établissement... ah! quelles heures délicieuses j'y ai passées... surtout les jours où il jouait Othello... Ah! Othello... c'est ma toquade... et quel larynx... onze minutes sans respirer... Comment n'être pas folle d'un ténor qui peut rester onze minutes sans respirer... oui, Floridor, oui, je t'aime... mais je ne te l'avouerai que lorsque je serai certaine d'obtenir ta correspondance... et tout me fait supposer qu'il correspondra... car, s'il est resté à Coulommiers, c'est, dit-il, à cause de cette note qu'il me doit!... Je flaire un truc... cette note s'accroît de jour en jour, et cette consommation exagérée... c'est un aveu... oui, j'en suis sûre, c'est afin de rester plus longtemps près de moi...

SCÈNE V

VIRGINIE, FLORIDOR.

FLORIDOR, à part.

Il doit être bientôt l'heure de la cinquième levée.

VIRGINIE.

Comment, vous étiez là, monsieur Floridor?

FLORIDOR

Oui... j'étais entré par hasard dans la cuisine, et m'étant rencontré avec un canard... j'ai profité de la circonstance, n'ayant pas déjeuné...

VIRGINIE.

Vous avez fort bien fait.

FLORIDOR.

Vous le mettrez sur ma note.

VIRGINIE.

Parfaitement... parfaitement!... (Elle écrit.) Un canard... 1 fr. 25... Ah! il m'aime pour 1 fr. 25 de plus!

FLORIDOR.

A propos... cette note... il faudra pourtant...

VIRGINIE.

Cela ne presse pas... Vous ne comptez pas quitter encore Coulommiers?...

FLORIDOR.

Cela n'en a pas l'air.

VIRGINIE.

Ah! tant mieux!...

FLORIDOR.

Comment?

VIRGINIE, à part.

Imprudente!... je me perds!... Ô ma mère, inspire-moi! (Haut.) Je disais tant mieux, monsieur Floridor, parce que vous savez... comme ça... par hasard... vous comprenez, les artistes... Mais ça n'est pas pour vous offenser que je vous ai dit ça!

FLORIDOR, à part.

Comme elle est troublée, la limonadière!... (Haut.) A tantôt, belle madame!

VIRGINIE, à part.

Il m'a appelée belle... Ah!... cela m'a été là...

(Elle défaille.)

FLORIDOR.

Eh bien, qu'est-ce qui vous prend donc?

VIRGINIE.

Rien... rien, monsieur Floridor... (A part.) Sa main a effleuré ma main!... (Elle l'embrasse.) Tu ne me quitteras plus, maintenant!... (Elle avale un petit verre de cassis.) Là, cela va mieux! (Haut, à Floridor.) A tout à l'heure, monsieur Floridor, et ne tardez pas trop... peut-être, à votre retour, aurai-je quelque chose à vous demander...

FLORIDOR.

A moi?... mais...

VIRGINIE.

Plus tard... plus tard!...

FLORIDOR.

A tout à l'heure, donc... (En sortant.) Je cours à la cinquième levée.

SCÈNE VI

VIRGINIE, seule.

La cinquième levée!... Voudrait-il parler d'une femme qu'il aurait lev...? Oh!... non, la jalousie m'égare!... il s'agit sans doute de la boite aux lettres!... Ah! comme il me tarde qu'il revienne... mais ce que je veux de lui... y consentira-t-il?... et oserai-je le lui demander seulement?... (En ce moment on entend frapper du dehors.) Tiens... un consommateur!... Où diable est donc cet imbécile d'Oscar? (Elle appelle.) Garçon!... garçon!

SCÈNE VII

OSCAR, VIRGINIE.

OSCAR, entrant avec sa cafetière.

Encore un consommateur!... Do, ré, mi, fa... (Il aperçoit Virginie et s'arrête brusquement.) Dieux! c'est elle!

VIRGINIE.

Que signifient ces sons?...

OSCAR.

Rien, patronne, rien... C'est la joie... c'est...

(On frappe de nouveau du dehors.)

VIRGINIE.

Mais vous voyez bien qu'on appelle!...

OSCAR.

Oui, patronne, oui... mais c'est que quand je vous vois...

VIRGINIE, avec hauteur.

Versez, terrasse!

OSCAR.

Oui, patronne!...

(Il va à la porte du fond et disparaît un moment. A peine est-il parti que l'on entend une gamme du dehors.)

VIRGINIE.

Qu'est-ce que c'est donc que ça?

OSCAR, rentrant en scène, radieux.

A la première il a filé, celui-là!

VIRGINIE.

Eh bien, est-il servi, ce monsieur?

OSCAR.

Non, non, patronne... il s'est peut-être senti indisposé, mais il s'est levé de suite... il a cependant payé sa consommation, voici ses quarante centimes!

(Il tire huit sous de sa veste et les lui donne.)

VIRGINIE.

Et rien pour le tronc?

OSCAR.

Pour le tronc?... non, rien! (A part.) Ah! c'est que je finirais par me ruiner à force de me donner comme ça des pourboires! (Il tient toujours sa cafetière à la main et regarde Virginie avec amour.) La voilà!... Ah! je puis dire comme Chérubin: Qu'elle est belle... mais qu'elle est imposante!

VIRGINIE.

Eh bien, qu'est-ce que vous faites donc là... planté comme une asperge?

OSCAR.

Elle est dure avec moi...

VIRGINIE.

Allez donc plutôt remettre cette cafetière sur le feu. Le café va refroidir.

OSCAR.

Ah! il n'y a pas de danger... (Il tire son diapason de la cafetière et en tire un son.) La... la... Dieux! je m'oubliais...

VIRGINIE.

Qu'est-ce qui a fait ça ?...

OSCAR.

Ça n'est pas moi, patronne... ça n'est pas moi !... c'est sans doute vous...

VIRGINIE.

Moi ?...

OSCAR.

Oui... Vous aurez peut-être sonné sans vous en apercevoir !

VIRGINIE, à part.

Ce garçon est décidément plein d'étrangetés!

OSCAR.

O mon diapason !... si tu pouvais donner le la à son cœur !

(Il le remet dans la cafetière.)

VIRGINIE.

Mais allez donc !

OSCAR.

J'y vais... mais c'est bien inutile, allez!

(Il sort.)

SCÈNE VIII

VIRGINIE, seule.

L'heure s'avance... Bientôt il va revenir... Ah! jamais je n'oserai lui demander... Si je lui écrivais? le papier ne rougit pas, lui! Oui, c'est cela... (Elle prend un buvard et écrit.) De cette façon, il ne pourra me refuser... et je le reverrai tel que je le vis la première fois que je l'ai vu!... La, c'est fait... Ah! sainte candeur de ma jeunesse effarée, pardonne-moi ce que je viens de faire!..!

(Elle sonne.)

SCÈNE IX

OSCAR, VIRGINIE.

OSCAR.

Ah! cette fois... c'est vous qui avez sonné?

VIRGINIE.

Taisez-vous!... Voici une lettre... M. Floridor va venir, vous la lui remettrez sans rien dire, mais en ajoutant ces trois mots : A huit heures moins un quart excessivement précises... (A part.) Je vais me préparer à cette suprême épreuve... (En sortant.) Vous avez entendu? huit heures moins un quart excessivement précises.

SCÈNE X

OSCAR, avec douleur.

Do, si, la, sol, fa, mi, ré, do!... Elle lui écrit!... Elle lui écrit! j'avais tout prévu... tout combiné, et voilà qu'un odieux ténor vient ainsi renverser tous mes plans!... Ah! cela ne sera pas... Cette lettre... mais que peut contenir cette lettre... (Il essaie de lire au travers.) pas moyen! Oh! le secret de la poste!

(Il ouvre la lettre et lit.)

« Monsieur Floridor,

» Voulez-vous me rendre la plus heureuse limonadière de la Brie, venez ce soir chanter avec moi le duo d'Othello dans lequel je vous ai si souvent applaudi. Vous viendrez, n'est-ce pas...

» VIRGINIE.

» *P. S.* (S'interrompant.) Elle met un p. s., O douleur! (Reprenant sa lettre.) P. S. pour mettre le comble à mon bonheur, venez avec ce superbe costume qui vous va si bien! (Cessant de lire.) Ah! je n'ai pas de costume qui m'aille bien, moi! (Avec rage.) Ah! Do, ré, mi, fa, sol, la, si, do! »

SCÈNE XI

FLORIDOR, OSCAR.

FLORIDOR.

Oscar... As-tu quelque chose de cher?...

OSCAR.

Lui!...

FLORIDOR.

Eh! bien, au nom de ce que tu as de plus cher, donne-moi vingt sous.

OSCAR.

Et que comptez-vous faire de cette somme renouvelée de Périnette?

FLORIDOR.

Ah! il te faut des explications pour tes vingt sous... Tu en auras... sache donc que j'arrive tout à l'heure de la poste... On finissait de distribuer la cinquième levée... Je me nomme comme d'ordinaire, et l'employé s'apprêtait à me refermer son guichet sur le nez, comme il a pris l'habitude de le faire à toutes les autres levées... Lorsqu'il se ravise tout à coup, et me dit : tiens, mais au fait... M. Floridor... Il y a quelque chose... Je m'élance... mon bras était tout à fait passé dans le guichet... Est-elle chargée, m'écriai-je?... Elle l'est!... Je bondis, et dans ma joie je brise le carreau qui retenait mon bras captif... Ce carreau... c'est vingt sous!... Le jeune intrigant n'a pas voulu me remettre ma lettre avant que je lui aie payé mon carreau... non, son carreau!... J'avais beau lui crier : mais, bourreau, puisqu'elle est chargée, remets-la-moi, je te paierai après... Ce futur crétin ne connaît que sa consigne, et me voilà à tes pieds..., Oscar..., au nom des cheveux blancs que tu pourrais avoir un jour... donne-moi ces vingt sous!

OSCAR.

Ah!... les dieux sont avec moi! (A Floridor.) Je te les donne...

FLORIDOR.

Tu me tutoyes!...

OSCAR.

Tu as besoin de moi... cela rapproche les distances... Oui, je vais te le donner, ce franc qui te sauve l'honneur et la vie... mais à une condition... La clé de ta chambre pour cinq minutes... donne-la-moi!

FLORIDOR.

La clé de ma chambre ?...

OSCAR.

Tu sauras tout... plus tard... si c'est nécessaire qu'on te dise! Cette clé... cette clé...

FLORIDOR.

Ce franc... ce franc.

OSCAR, se précipitant au tronc.

Tiens... prends ce tronc... ce qu'il renferme est bien à moi... tu peux le prendre.

FLORIDOR.

Voici ma clé!... Adieu!

OSCAR.

Un mot encore!... Si tu tiens à la vie, ne reviens pas ici avant que l'horloge du château n'ait sonné la neuvième heure!... Va, va!...

SCÈNE XII

OSCAR, seul.

Et maintenant, Virginie, je ne tarderai pas à apprendre comment tu sais dire : je vous aime!

(Il sort très-vivement.)

SCÈNE XIII

VIRGINIE, rentrant par la droite, une lampe allumée à la main.

Voici l'heure !... Ah ! je me sens défaillir... (Elle abaisse l'abat jour de la lampe.) Cette demi-obscurité cachera mieux mon émotion.

AIR : *Du deuxième acte de la Juive.*

Il va venir,
Il va venir
Et d'effroi je me sens mourir !

L'orchestre s'interrompt brusquement, puis reprend sur un autre motif.)

Ah ! ma foi tant pis, c'est fait !
C'est en vain que sous mon corset
Défaille
Ce cœur qu'il a pris tout net.
Et puisqu'il faut que mon bonnet
S'en aille
Par-dessus quelque moulin,
Il faut bien s'amuser un brin !

(Elle danse un léger pas de cancan sur le refrain... et s'arrête toute honteuse.)

Ah ! que fais-je... que dis-je !... je tremble !... dieux... s'il allait ne pas venir... non... je le sens aux battements précipités de mes artères... Il vient... c'est lui...

SCÈNE XIV

OSCAR, VIRGINIE.

OSCAR, en Turc et se cachant un peu la figure. — A part.

C'est elle !...

VIRGINIE.

C'est lui... (à Oscar) C'est vous... ah ! que je vous remercie d'être venu en Turc, comme je vous en avais prié ! — Vous avez su comprendre cette aspiration de mon âme... vous avez senti que c'était sous ce poétique costume que je voulais vous revoir et vous entendre chanter ce duo sublime dans lequel éclate votre génie... ce duo que je sais à force de l'avoir si souvent acclamé... je pourrai vous donner la réplique... Tiens... vous n'avez pas apporté d'oreiller !

OSCAR, à part.

Un oreiller... oh !

VIRGINIE.

Oui... cet oreiller avec lequel le farouche Othello étouffe son innocente épouse...

OSCAR, avec sa voix naturelle.

C'est vrai ! je l'ai oublié !

VIRGINIE.

Ah ! comme vous avez la voix basse ce soir...

OSCAR, très-troublé.

Vous trouvez... mais tenez ! (Il monte sur une table.) Je dois l'avoir plus haute à présent...

VIRGINIE.

Oui... mais ce sera bien incommode pour vous donner la réplique.

OSCAR.

Eh! bien, faites comme moi!

VIRGINIE.

Comment... vous voulez?...

OSCAR.

Certainement!... nos voix seront tout à fait à la même hauteur.

VIRGINIE, montant sur une table placée de l'autre côté du théâtre.

Quelle drôle de manière de chanter le duo d'Othello!

DUO

VIRGINIE.

Assise au pied d'un saule
J'attends mon Othello,

OSCAR, l'interrompant.

Pardon, mais qu'est-ce que vous chantez là... je n'ai pas ça moi!

VIRGINIE.

Comment... mais je vous chante le duo d'Othello, celui qu'on chante à Coulommiers.

OSCAR, à part.

Allons, bon! Ils m'auront vendu celui de Strasbourg, le

mien est en italien! (Haut) Allez toujours, je tâcherai de vous rattraper quelque part!

VIRGINIE, reprenant.

Assise au pied d'un saule
J'attends mon Othello,
Et je trouve bien drôle
De rester ainsi seule à chanter un solo.
Mais sur la rive
Mon cœur charmé
S'est ranimé!
Il arrive, il arrive,
Il arrive
Mon bien aimé!

OSCAR (parlé.)

A moi, à moi.

(Il chante.)

Ah! fidel' alma

(S'interrompant.) L'Alma, mais c'est une de nos gloires.

(Il reprend.)

Di' tuæ lacrymæ

(S'interrompant.) La Crimée! encore une de nos gloires... mais ça n'est pas le duo d'Othello, c'est le bulletin de la grande armée que j'ai acheté là!

VIRGINIE.

A l'ensemble, voyons donc, à l'ensemble!

OSCAR.

Ah! tant pis! je vais dire comme elle.

OSCAR et VIRGINIE.

ENSEMBLE

Oui, je t'adore,
Mon tendre époux,
Oh! mon cher More,
Mon beau jaloux,
Quand je t'implore,
A mes genoux
Redis encore
Ces mots si doux,
Oui je t'adore!

(A la fin de l'ensemble, Oscar entraîné par le mouvement danse sur la table. Virginie étonnée l'imite. Alors Oscar saute à bas de la table, court à celle de Virginie et dans sa précipitation il renverse la chaise à l'aide de laquelle Virginie était montée sur la table... Il saisit la robe de Virginie et la couvre de baisers.)

OSCAR, de sa voix naturelle.

Enfin, je l'ai entendue me dire : je t'adore...

VIRGINIE.

Ah! ciel!... mais cette voix... ce n'est plus la même... Qui êtes-vous?... Ah! je ne peux pas rester plus longtemps sur cette table et dans cette incertitude... Oscar... garçon...

OSCAR.

Dieux!

(Il se sauve par la gauche.)

SCÈNE XV

VIRGINIE, puis FLORIDOR.

VIRGINIE.

Oscar!... où êtes-vous donc?...

FLORIDOR, entrant par le fond.

Oscar!... voilà le tronc... (Apercevant Virginie sur la table.) Tiens... qu'est-ce que vous faites donc là?

VIRGINIE, avec effroi.

Il n'est pas en turc!... ce n'était pas lui...

FLORIDOR.

Est-ce que vous êtes indisposée... vous avez peut-être mal aux dents?

VIRGINIE.

J'ai mal où cela me plaît, monsieur, cela ne vous regarde pas!

FLORIDOR.

Tiens!... pardon, madame!... mais j'étais venu... vous m'avez dit...

VIRGINIE.

Moi...

FLORIDOR.

Une demande.

VIRGINIE.

En effet... J'avais quelque chose à vous demander: —

Passez-moi cette chaise ! — Voilà ce que j'avais à vous demander.

(Elle descend.)

FLORIDOR.

Ah !... mais pardon !... avez-vous préparé ma note?... Coulommiers à son réveil ne reverra plus Floridor !

VIRGINIE.

Vous partez. (A part.) Oh ! tant mieux ! tant mieux !

FLORIDOR.

Le Théâtre de l'Isthme de Suez ouvre dans six semaines !... Je pars ce soir...

VIRGINIE, sèchement.

C'est bien !... je vais vous la donner... la voici ! (Appelant.) Garçon ! garçon !

SCÈNE XVI

LES MÊMES, OSCAR.

(Oscar entre en scène... il est vêtu en garçon, mais son turban est resté sur sa tête... il a sa cafetière à la main.)

OSCAR.

Voilà ! voilà !... Elle m'a dit : je t'adore !

VIRGINIE.

Ciel ! ce turban... C'était lui !

OSCAR.

Ciel !... mon turban !

FLORIDOR.

Tiens!... mon turban !

OSCAR.

Ah! fatal oubli !

(Il ôte son turban et veut le cacher dans la cafetière.)

VIRGINIE.

Quoi... c'est avec vous que tout-à-l'heure... sur cette table! Ah! un simple versez! pas de crème!

OSCAR.

Oui.., c'était moi!... Et la voici enfin l'heure solennelle où tous les masques tombent!... Oui, je m'appelle Oscar... mais ce n'est qu'un prénom. Oui!... j'étais garçon de café, mais ce n'est qu'un déguisement! Je suis riche! je suis marchand de fromages... Il ne m'en reste plus, mais si vous les aimez, j'en achèterai! je m'appelle Oscar Malanflé... et je chante le duo d'Othello; celui de Strasbourg en italien !

FLORIDOR, examinant sa note.

Pardon, pardon... Tout cela c'est charmant, mais il y a une erreur de trente-cinq centimes!

VIRGINIE, à part.

Ah! ce n'est pas sur cette addition, c'est dans mon cœur qu'il y a eu erreur! Et de ce côté, tant d'abnégation, de dévouement... (Haut.) Oscar!

OSCAR.

Voilà, voilà !

VIRGINIE, lui tendant la main.

Ce duo... nous le rechanterons ensemble.

OSCAR.

Ah! cette fois... j'apporterai mon oreiller!

RONDE DES GAMMES

I

FLORIDOR.

J'ai pour voisines deux charmantes petites dames,
Malheureusement, elles adorent le piano,
C'qui fait qu'souvent, pour faire cesser leurs gammes,
J'descends bien vite leur flanquer un galop!
Do, ré, mi, fa, sol, la, si, do,
Qu'un gai bravo
De nos chants soit l'écho!

II

OSCAR.

A ma moitié je ferai son programme,
Il faut qu'elle soit plus douce qu'un mouton,
Car si jamais elle changeait de gamme,
Je saurais bien lui fair' baisser le ton!
Do, ré, mi, fa, sol, la, si, do,
Qu'un gai bravo
De nos chants soit l'écho!

III

VIRGINIE, au public.

Vous l'avez vu chasser, grâce à ses trames,
Tous les clients qui se rendaient chez nous;
J'espère bien, cependant, que nos gammes
Ne feront pas le même effet sur vous.

Do, ré, mi, fa, sol, la, si, do,
Qu'un gai bravo
De nos chants soit l'écho.

TOUS

Do, ré, mi, fa, sol, la, si, do!

(Le rideau baisse.)

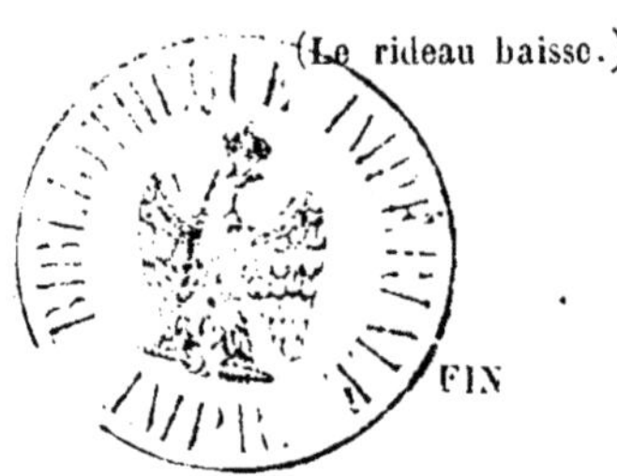

FIN

POISSY. — TYP. ET STÉR. DE A. BOURET.

www.ingramcontent.com/pod-product-compliance
Ingram Content Group UK Ltd.
Pitfield, Milton Keynes, MK11 3LW, UK
UKHW022008260726
13994UKWH00004B/1989

9 782329 468327